가을 뜨락

지성·감성의 메타언어
조선문학시인선·672

가을 뜨락

황인숙 시집

조선문학사

■ 책머리에

세 번째 시집을 내면서

　『자귀꽃 위에 나비가 되어』,『연잎 차향에도 말씀이』두 권의 시집을 상재(上梓)할 때만 해도 가슴이 덜컹대는 설레임으로 벅차오름을 맛보았는데 세 번째 시집은 두려움과 망설임이 앞서면서도 담담하기만 하다.
　시집을 낼 수 있도록 격려의 말씀을 해주신 조신권 교수님, 시를 쓸 수 있도록 늘 배움을 주신 21C시학아카데미 박진환 교수님께 감사함을 전합니다.
　그리고 여러모로 격려와 도움을 준 손녀 이소정의 격려에도 고마움을 표하면서 사랑한다.

2020년 2월 9일
상리 황인숙

가을 뜨락 차례

책머리에 / 5

제1부
사계순례(四季巡禮)

봄이 오는 소리 / 13
매화꽃 / 14
벚꽃길 / 15
봄소식 / 16
봄의 속삭임 / 17
봄의 향연(饗宴) / 18
진달래 / 19
이슬비 / 20
하얀 민들레 / 21
앵두꽃 물방울 / 22
이 봄을 위하여 / 23
마음은 연둣빛 / 24
난향의 그늘 / 25
4월의 끝자락 / 26
가로수길 / 28
아카시아 꽃 / 29
능소화 / 30
수양버들 / 31

연꽃이 피워낸 빛 한 줄기 / 32
장마 / 33
가을 소식 / 34
가을의 속삭임 / 35
가을의 울림 / 36
화관이 된 단풍잎 / 37
들국화 / 38
낙엽은 / 39
가슴으로 피워낸 국화 / 40
10월의 나들이 / 41
11월의 장미원 비너스 / 42
12월의 민들레 / 43
12월의 억새 / 44
눈꽃·1 / 45
눈꽃·2 / 46
겨울 산이 좋다 / 47
눈[雪]길과 눈[眼]길 사이에서 / 48
설화 / 49
풀난 / 50

제2부
내일을 향한 오늘

저녁 한때 / 53

인연줄 / 54
황혼 / 55
흔들의자 / 56
흘러가면 그리움이 되려나 / 57
희망을 품고 / 58
길·1 / 59
길·2 / 60
꿈 / 61
나그네의 하루 / 62
날고 날아 / 63
내일을 향한 오늘 / 64
당신은 바라만 보아도 / 65
노부부의 정원 / 66
눈물·1 / 68
눈물·2 / 69
물총새가 되어 / 70
바람 따라가다 / 71
버팀목 / 72
벗을 생각하며 / 73
백발 / 74
살아온 대로 / 75
사랑 / 76
손녀 / 77
연잎 차향에도 말씀이 / 78
엄마 / 79

제일 먼저 생각나는 한 분 / 80
하루치의 행복 / 82

제3부
?를 쓴다

자극제 / 85
휘호(揮毫) 한마당 / 86
?를 쓴다 / 88
누상재 / 89
감악산 출렁다리 / 90
반구정에 오르다 / 91
반딧불 따라 오른 동산 / 92
발자국 / 94
밤바람 맞으며 / 95
바람도 울고 있다 / 96
붓글씨 잔치 / 98
별 / 100
설날 / 101
새해 0:00시의 울림 / 102
산, 산, 산 / 103
아직도 정지되지 않은 함성 / 104
아라뱃길 언저리 / 105
소금산 출렁다리 / 106

이방인 / 108
안개가 삼켜버린 북한산 / 109
제 6회 의당 붓 한글전에 서서 / 110
잔칫날 / 111
자운서원 뜰 저쪽 / 112
팔각정에 오른다 / 114
채석강 / 115
하얀 벽 / 116
호명산 호수 / 117
황정환의 회갑에 즈음하여 / 118

제4부
시집평설

시의 정신 본질, 표현 본질로
재구성 돋보여_박진환 / 120

제1부
사계순례(四季巡禮)

봄이 오는 소리

공릉천 얼음이
으지직 으지직 비명을 지른다
비명에 목이 상했는지
토악질도 함께 한다
청둥오리 떼들 먹이 찾아 입질 부지런하고
푸드득 푸드득 날갯짓에
봄바람이 감긴다
송강이 시를 읊으며 즐겨 놀았다는
공릉천 길을
송강이듯 흉내하며
봄이 오는 소리 귀동냥으로 읊(吟)어 본다

매화꽃

매화 너는 도둑님이다
가슴을 바늘로 꼭꼭 찌르는 아픔도
허탈한 한숨도 시샘하고
웃음 행복을 안겨주는 손녀의 초콜릿 같은 재롱도

모두 다 칼질하곤
꽃그늘로 와 너만 바라보고
향에 취해 꽃비 맞으며 나비가 되라고

사계절 같은 변화 무상한 가슴을
모닥불보다 더 따뜻한 불길로
꼬시는 너는
내 가슴을 온전히 도둑질하는 도둑님이다

벚꽃길

벚꽃 잎 채운인 듯 자운인 듯 쌓인 길
꿈을 꾸듯 구름 위를 걷는다

걸음마다
꽃잎으로 찍히는 귀로는
어디로 돌아가는 길인가

필시 혼으로 돌아가는 중일 듯
어찌 꽃잎엔들
혼이 들어 있지 않으리오

머리 위로 살포시 내려앉은 꽃잎들이
씌워준 화관
나도 시방 동심으로 돌아가는 중이다

봄소식

초롱꽃
뾰족한 새싹에 찔린
한나절 햇살이 노랗게 터진다

돌틈새로
수줍게 얼굴 내민 돌나물순이
감질나게 햇볕을 핥는다

묵은 목단나무
수세미 등걸 털어 말리며
새순 밀어올리고
아장아장 걸음마에 밟힌
마당가에 웅크리고 앉았던
봄볕들의 구시렁대는 소리 들린다

아무래도
싱글대는 할머니 가슴에
봄바람 날 것 같다고

봄의 속삭임

공릉천 언저리
운동기구들 꽁꽁 얼어붙은 냇가

살얼음 딛고
물위를 유유히 즐기는 물오리 떼
귀한 몸짓으로 돋보이는 두루미 한 쌍
바라보는 여유마저 시샘하듯
된바람 품으로 기어들어
옷깃을 여미게 하더니

마파람 불어와
물의 속삭임 짙어지고
물오리 놀던 자리
능수버들 청동빛으로 물들이며
봄을 속삭이고

하굣길 아이들 재잘재잘
미끄럼타기 그네타기 즐기는 머리위로
제비 쌍쌍이 날갯짓한다

봄의 향연(饗宴)

꽃망울 터지는 소리
전쟁터가 따로 없다

진달래는 피를 흘리며
전선을 넓히려고
야산에서 산정 향해 포복으로 기어오르고

개나리는
노란등 불을 켜 걸고
방어울타리를 둘러
영역을 침범 당할세라
스크럼을 짜고

도열해 선 벚꽃은
가로등을 밝혀
심야의 터널을 밝히고 있다

화공(花攻)의 접전지대
전황을 지켜보며 두근대는 가슴으로
종군기자나 된 것처럼
시를 읊는 음객이 되어본다

진달래

한줌 쥐어진 진달래꽃
꽃전을 부칠까
꽃술을 담글까

급한 마음에
유리잔에 소주 한 잔 붓고
참꽃 한 송이 띄워
꽃전을 안주로 삼으니

얼굴에도
가슴에도
꽃물이 번져 꽃으로 피는
나는 한 묶음 가슴으로 피운
진달래꽃

이슬비

살포시 내려앉아
이제 겨우 머리 들어
피어난 민들레꽃 봉오리 위로
맺힌 이슬방울

딸을 잡고
예식장 꽃길을 걷는
아빠의 미소 띤 눈가에 오버랩 된
이슬방울과 함께
엄마의 이슬 맺힌 미소를 본다

하얀 민들레

산책길 화훼 틈새
우연히 만난 민들레
조심스레 몇 잎 따다 보니
한줌이네

살짝 데친 초록
가슴 꽃밭 삼아 번졌는지

숨결로 번져
불끈 기지개 켜며
하얀 민들레
함박웃음 꽃으로
활짝 피게 한다

앵두꽃 물방울

앵두꽃 이슬방울 아래
대문짝을 평상으로 깔고
문방사우 봇짐으로 짊어진 벗들
동아리 지어
김치전을 안주로 상을 차린다

김치찌개보다야
음악이 안주감이라며 불러대는
주모의 권주가에
한 모금
또 한 모금
동동주 취기에 얼굴이 붉어진다

잠시
붓을 놓고 즐기는 이 한때의
파한(破閑)
앵두꽃 눈물방울에
젖은 가슴이 웃고 있다

이 봄을 위하여

마파람 유혹에 이끌려 오른 북한산
붉힌 볼이 부끄러움이 되어버린
진달래 어루만지던 손
미안하다 말 한마디 던지곤
도심이 도져 꺾은 몇 송이 꽃

진달래화전 곱게 부쳐
꽃과 함께 진달래꽃 마음
소주잔에 띄워
꽃 마음까지 마셔본다

오랜 동안 알콩달콩 지지고 볶으며 살아온
세월 뒤로 하고
잔 부딪쳐 축배를 든다
'이 봄을 위하여'

마음은 연둣빛

석파랑이 등에 한 인왕산 봉우리
목화송이 뒤집어쓰고
햇빛으로 차일 치면
체온인 듯 따뜻함이
전율로 느껴오는 신열

유리장판을 깔아놓은 듯
끼고 흐르는 수성계곡
봄이야 봄 이라며
돌돌돌 소근 소근
노래인지 시름인지
방울 방울 굴리고 가는 은방울

연둣빛 가득 품으니
마음 가득 봄으로 번진다

난향의 그늘

바위 틈새로
뿌리에 끌려 내려앉은
난 한 포기

수줍은 듯 고개 숙여 내민 자태로
온갖 무리들을 현혹시켜
앙큼하게 마음을 빼앗아
넋마저 잃게 하곤

꽃그늘을 만들어
시끄러움에 찌든
일상을 접고
향에 취해 고요로 쉬게 한다

4월의 끝자락
- 진도 앞바다 세월호 침몰사고에 즈음하여

몇 날 며칠을 파도가 밀려오듯
TV마다
토해내는 세월호의 소식들로
세상이 온통 뉴스의
파도에 침몰 직전이다

파도를 헤치며
발길이 닿은 곳
조계사 석탑
촛불과 향을 피워 올리며
어둠에서 밝음과 비움으로 인도 하소서
두 손 모아 탑돌이를 한다
돌고 또 돌아도
검은 파도의 꼬리가 떨어져 나가지 않고
치마폭에 감겨 고해의 물결로 따라 돈다

따라온 물결 뒤로하며 돌아오는
은행나무가로수길
예쁜 연둣빛 잎들이
아장이며 손짓으로 위로하듯

가슴을 어루만져 준다

잎들 사이로 비집고 들어온
금빛 실 햇살이
밝고 따뜻하게 가슴을 감싸 안는다

가로수길

우리의 정원 메타세콰이어 길
하루치의 삶을 시작하기 위해
가로수 길을 걷는다

5월의 젊은 혈기 사이로 스미는 연둣빛 햇살
마음은 파랑새가 되어
이가지저가지를 훨훨 날고 있다

발길은 멈춰 선체
메타세콰이어가 잡아당기는
하루도 뒷걸음질만 치고 있는 하루
무거운 봇짐 내려놓고
젊은 기운을 품고 파랑새인 양 살리라

아카시아 꽃

희귀종 적색 꽃 아카시아
꽃으로 열매한
주렁주렁 핏빛 포도송이

뛰는 가슴 진정할 수 없더니
포도송이마다
내뿜는 향에 취한 입술이
입술을 덮었던 탓이었던가 보다

바스락
스치는 바람이
코끝에 뿌리고 간 마취
눈을 떠 위를 보니

주렁주렁 매달린
아이보리 진주알들
자장으로 퍼진 듯
경기하듯 뛰던 가슴이
눈요기로 어지럼증 풀었는지
잠시 멈춘다

능소화

가까이 하면
세상을 바라볼 수 없는
아픔을 준다는 꽃
꽃말이
기다림이라 했던가
외로움이라 했던가

나무 등걸 칭칭 감고 올라
먼 바라기로 바람 하는
기다림 탓일 듯
못다 붉힌 부끄러움으로 보면
외로움 탓일 듯

너의
기다림과 외로움이
어찌 하여
내게는 가까이 기대고 싶은
그리움이 되는 걸까

수양버들

호수가 수양버들
갓 감아올린 금발 머리카락 말리려
봄바람 헤어드라이어 삼아
도리질 한다

서리 맞은 흰 머리카락
호수 염색약 삼아 감아올려 말리면
먹물에 감아 올린 듯
검은 머리 될까

수양버들도 서리 맞으면
못 면하는 갈색머리
네 모습 내 모습 삼아
갈색이고 싶다

연꽃이 피워낸 빛 한 줄기

아침 연꽃이 피어 있는 걸 보니
어젯밤
연밭에 바람이 놀다 갔나보다
연잎 위에
구르다 만 물방울이 있는 걸 보니
비도 동행했나보다

못물을 차고 올라
연잎 위 물방울이듯 앉아 있는
청개구리 한 마리
불성이라도 지닌 듯
눈망울에 연꽃이 들어 있다

가슴에 묶어놓은 답답증이라도
연밭에 풀어놓은 듯
연꽃이 피워낸 빛 한 줄기가
가슴 속을 헤집고 들었다

장마

질척한 나날들 사이에
만물이 지지궁상으로 울고 있다
늦게 핀 붉은 장미꽃도 피눈물을 흘린다

맹꽁이의 맹꽁맹꽁 반주 없이
불협화음으로 부르는
합창 소리가 슬프게 들려오고

덜 마른 옷을 입은 양
찌뿌드드하고
눅눅한 바람이 답답증을 부축인다
맴맴 매미 너의
오케스트라 협주곡에 맞춰 부르는
화음의 합창 소리가 그립다

가을 소식

그래 알고 있다고
네 송신(送信)이 없어도
네가 가을을 물고 왔다는 걸
알고 있다고

찌르르 찌르르
전율에 감전된 달빛이
자장으로 몸을 떤다

어찌
내 가슴인들 무사하겠는가
찌르 찌르르
가을에 감전 돼
고실고실 물기가 가신다

가을의 속삭임

폭염 속에 가을의 씨앗이
익어가고 있다
메르스란 괴질에 밀려
성숙이 미뤄졌을 뿐이다

태풍 고니가 몰고 온
하늬바람에 숨통을 튼
몇 포기의 코스모스가
가을 씨앗을 틔운다

고추잠자리가
날갯짓으로 털어내는
땡볕 비늘들이 할퀸 놀이터에서
하나 둘 아이들의 웃음소리가
가을의 껍질을 벗기고 있다

가을의 울림

방망이로 얻어맞아
피멍으로 먹물이 된 가슴
아픔에 끼륵댄다

차창너머로 다가오는
오색 띠를 두른 북한산이
활옷을 너풀대 춤을 추며
내게 속삭이듯
울림으로 다가와
다 버리고 함께 즐겨보잔다

어느새 사각사각 밟히는 낙엽
그래 떨어지면 눕는 것을
누우면 영원할 것을
가슴을 쓸어 일으켜 세우는
메아리가 되었다

화관이 된 단풍잎

흰 머리카락 위에
빨간 단풍잎들이 얹혀져
화관이 씌워졌다

얼음 같고 사막 같은 속내를 읽었음인가
꽃이 되어 서러움 달래주려 함인가

엽심(葉心)이 무엇이든
머리 째 화관을 씌워주었으니
책갈피에 고이 간직
추억의 한 페이지로 접어두고 싶구나

들국화

매운 서리 맞고서도
고운 향과 보랏빛 고운 자태로
손짓하는 들국화

고요로 잠자고 있는 가슴에
나비로 날아와
남실남실 춤추게 하는
요술쟁이 들국화

낙엽은

낙엽은 눈물

따스한 햇빛으로 물들인 색동옷을 입고
바람 따라 나풀나풀 춤추며
뭇 시선들을 현혹시켜 어울려 춤을 추게 한 단풍

된바람 된서리를 맞아
눈물 뚝뚝 흘리듯 떨어진다
내딛는 발길 따라
바스락 바스락 아지작 아지작
물기가신 리듬이 화음으로 동행한다

발자국마다 멜로디로 찍히는
낙엽길

낙엽은 비오롱의 저음의 마른 멜로디

가슴으로 피워낸 국화

국화꽃을 피우고저
기도하듯
마음도 생각도 하얗게 비우고
화선지 위에
붓을 놀리고 있다

자줏빛 마음을 토해낸 자리엔
자줏빛 국화를
황금빛 마음을 토해낸 자리엔
황금빛 국화를

한 잎 한 잎
꽃 피워내는 손놀림마다에서
콩닥콩닥 설레는 마음을 달래며
건들바람 불어 넣어
생명력을 심으려고 안간힘을 쓴다

어느새 하얀 나비 한 마리
국화꽃 향을 핥고 있고
나도 따라 먹향을 코로 핥고 있다

10월의 나들이

오봉산이 훨훨
춤을 추며 타 오르고 있다
불길에 싸인 내 가슴도
덩달아 활활 타고 있다

소양호가
불을 끄려는지
물안개를 만들어 뿜어 올리지만
산허리를 휘 감아 돌다
불길에 버티지 못 한다

사철 같은 마음으로
중생을 바라보는
청평사 주목나무
소양호 석양 윤슬 위로
타오른 마음을 던져
타는 가슴을 식힌다

11월의 장미원 비너스

촉촉이 젖어 흐르듯 입혀진 옷
앞가슴을 여민 두 팔 사이로
봉긋이 내민 한쪽 젖가슴이 부끄러운 듯
미소를 머금은 비너스

색깔도 가짓수도 헤아릴 수 없는
장미 울타리에 둘려 싸여
모습만 살짝 보여줄 뿐
요정인양 행복했던 모습은 뒤로하고

서너댓 송이의 장미꽃만이
그를 위로하고 챙기듯
고개 숙인 채 미소에 연지 곤지를 찍고 있다

비너스상의 애처로운 미소에 발목이 잡힌 채
선 자리에 동상이 된 듯 굳어버린 채 바라본다

12월의 민들레

잉잉 울며 흔들리는
나목 사이 저쪽으로
감춰진 열린 세계

화석을 연상게 하는 괴석들이며
등치 큰 집들이며
금잔디 옷을 입은 잘 정리된 묘소가
시계(視界)를 혼란스럽게 하고
여며지는 옷 틈으로 스며든
삭풍이 차다

양지 따라 옮긴 발걸음의 돌 틈 사이
운기로 내민 시드럽게 핀 민들레
12월의 자계를 범한 애처로움인지
엘리뇨와의 만남인지
애처로움에
발걸음도 가슴 따라 서성이며 옮겨진다

12월의 억새

햇볕 유혹 못 이겨
일상 접어 밀쳐두고 나선 길

억새 은빛머리들이
산발로 울고 있다
며칠 전 쏟아져 내린 눈 때문일까
내 머리를 보는 것 같아
가슴에 돌덩이를 안았다
억새는 봄이 오면
반짝이는 자색머리털로
다시 태어나겠지만

무위로 돌아갈 수 없는
인위의 선발
물들여 흑발로 펄럭이면
위안이 되어줄까

눈꽃 · 1

검은 복면을 한
밤으로 찾아온 천사가 실수로 떨어뜨린
보자기가 쏟아져
가지마다에 꽃잎으로 걸렸다

눈꽃
차가움이 어찌하여
따뜻함으로 가슴 덥히는지

체온이 그리운
어느 날 있어 너를 품으면
피가 돌까
돌아 빨간 꽃잎이 될까
설화(雪花)

눈꽃 · 2

육각형의 꽃잎들이
흰 나비 떼로 날고 날아온다
지난봄 귀천했던 꽃들의 베가본드나 아닐지

날아와
잔잔한 내 가슴에 안기는
나를 호접란으로 아는 걸까

아무러면 어떤가
소리 없이 두드리는 창가에
한 그루 꽃나무로 서보는 일로
하루치의 눈꽃이 되어본다

겨울 산이 좋다

초록옷 색동옷 다 벗어 던진 알몸
산은 지금
연둣빛 옷으로 갈아입을 봄을 꿈꾸며
두터운 솜이불을 덮고
평화를 체온으로 키우며 잠들어 있다
그런
겨울 산이 참 좋다

눈[雪]길과 눈[眼]길 사이에서

훤하게 찾아든 아침을 맞기 위해
활짝 창을 여니
세상 모든 것 솜이불을 덮고
포근하게 늦잠에 취해 수면 중이다

시계도 3자 12자에 수면 중이다
시도 때도 없이 떠들어 대던 TV 화면만
까만 괴물로 웅크리고 앉아 있다

가슴은 뽀드득 뽀드득 포근포근
눈[雪]길을 밟고 있는데
눈[眼]길은 TV에 꽂혀 발길을 잡는다

설화

머리 위로
나비 되어 내려앉은
눈송이

이런 날엔
피가 도는 꽃나무가 되어
빨갛게 꽃으로 피고 싶다

피어
차가운 설화의 꽃잎
붉게 물들이고 싶다

풀난

눈꽃이 날려
동심으로 돌아가 아이가 되고

창안엔 대춘(待春)으로 몸을 푸는
풀난
진통의 앓는 소리 들린 듯싶어
미소를 흘려본다

백지에 잉크 한 방울 떨군 듯한 꽃의 자태
은근한 향까지
가슴을 후벼내 취하게 하더니

향에서 깨어나기도 전
산욕이라도 도진 듯 몸을 움츠려
환(丸)을 지어 떨구어내는
연(緣)을 끊는 칼날 같은 성정
"성정하곤" 속으로 뇌며
아쉬움에 심사(心思)만 안개 속을 헤맨다

제2부

내일을 향한 오늘

저녁 한때

칙 칙 칙칙 칙… 달그락 달그락
보글거리며 끓어대는
불협화음으로 화음을 끓어내는 향긋한 밥 냄새
뚝배기 된장찌개 구수한 냄새
두 냄새가 합쳐지면

식탁으로 모으지 않아도 모여드는 식구들의
시장기가 굴리는 꼬르륵 꼬르륵 소리들이
공복을 두드린다

식탁에 모여든 먹성 좋은 식구들의 식탐이
낄낄 하하를 소화제 삼아 넘긴다
달각대는 그릇과 수저 소리들의 협연
저녁 한때 하루치의 행복이 가득하다

인연줄

연화세계에서도 걱정이 되었나

국전 특선작을 벽에 걸려고
이리저리 힘겨워하는 나를
그녀는 가볍게 무등을 태워 도와준다
이리 저리 용을 써도 허공이다

나를 내려놓은 그녀는
알아서 하라는 눈짓을 남기곤
한숨을 쉬며 사라졌다

그 후
그녀가 맺어논 줄을 잡고
작품을 벽에 걸었다
허공을 우러러
고맙다는 인사로 합장
미소를 보낸다

황혼

숨차게 달려온 산책로
돌계단에 걸터앉아 숨을 돌린다

하하 호호 젊음을 자랑하며
손잡고 걷는 연인들의 사랑이 지나가고
재활의 삶을 위해 다리를 질질 끌며
팔을 휘저어 힘겹게 걷는 아낙이
뛰는 손자 손녀 뒤를 따라간다
할아버지 할머니 손짓하며 숨차하고
자전거를 탄 무리들이 씽씽 달린다
물가엔 백로 무리의 부지런한 입질이
유유자적의 호면에 파랑을 세운다

석양을 바라보고 앉아
황혼이란 글자를 인생에 얹어보며
삽상한 바람으로
눈물을 말려본다

흔들의자

쉼 없이 뛰고 또 뛰어
숨 막히게 달려온 길

앞에 한
흔들의자 너무 반가워
잠시 앉아 눈을 감아본다

달콤한 향과 달콤한 맛의 휴식은 솜사탕
윙윙 대는 벌 소리에 눈을 뜨니
매화꽃이 한 점 흰 구름으로 피어
한잎 두잎 꿀벌이 떨어뜨려주는
솜사탕을 음미하고
머리 위에 화관도 쓰고

잠시 눈감아 맛보는 휴식으로
흔들의자에 앉아
흔들흔들 침잠에 들어 쉬어 본다

흘러가면 그리움이 되려나

광화문
세종대왕님 앞 광장은
늘 시끌벅적하다

크고 작은 사건 사고를
몰고 와 풀어놓곤
울부짖기도 하고
통곡하기도 하며
도와달라고
들어달라고
하소연을 한다

세종대왕님의 구리귀가
쫑긋쫑긋 움직이는 걸
본 사람은 아무도 없다

없어도 있는 것 같이 보고
듣지 않고도 들음과 같이 하는
그런 귀
둘 다 욕심 말고 하나만 달고
살고 싶다

희망을 품고

하얀 세상 앞에 하고
넋을 잃은 듯
한참을 바라본다

잠에서 깨어나게 한건
하얗게 세상을 둔갑시킨
밤새 세상을 뒤 덮은 눈
차가움 때문일까
그저 웅크려 바라만 본다

한참만에야
햇귀 따라
붉어지는 세상
생동감이 넘쳐
가슴 펴 기지개를 켠다
하루치의 희망을 품고
자리를 차고 일어선다

길 · 1

가야할 목표가 정해지면
속도위반인 줄도 모르고
터널인 줄도
웅덩이가 있는 줄도
철조망이 처 있는 줄도 모르고
숨 가쁘게
얻으려는 것 향하여 앞만 보고 달린다

이제 한 짐 내려놓고
넓은 정원 벤치에 기대앉아
소슬바람이 몰고 온 꽃내음 속에
땀 씻고 큰 숨 몰아쉰다

날고 있는 고추잠자리
보랏빛 들국화를 본다
그 사이로
여전히 주위를 아랑곳하지 않고
길만 보고 걷고 있는
젊은 발걸음들이
속도를 재촉하며 발자국을 찍고 간다

길 · 2

낙엽을 밟는다
낙엽마다 발자국으로 찍혀
돌아갈 길은 어떤 길일까

기(寄)와 귀(歸)로 읽을 생
잠시 머물렀다 돌아갈 길이 아니던가
낙엽도 그와 같음인 것을

잡다한 인생길
희로애락 걸음걸음
시가 있고 문방사우가 있어
견디고 즐기며 노래하며 걷는다

꿈

꿈을 꾸고 꿈을 이루는 특권은
사람만 가질 수 있는 보물
꿈은 수정과 같아서
이뤄지면 보석이고
못 이뤄 깨지면 쓰레기다

꿈은 행복을 추구하는 모체
꿈은 현실의 도피처이자 탈출구
꿈을 꾸면 이뤄 내야만
현실로 존재한다

꿈은 절망을 딛고 일어설 수 있는
디딤돌
꿈은 이룰 수 있을 만큼만 계획하고
기획해야 단꿈이 된다

나그네의 하루

허기진 사람이
시장기를 채우려고
이집 저집 대문을 기웃대듯

휑하게 비워지려는
생각들을 채우려
인사동 뒤안길
미술관 전시실을 넘나든다

그럼에도
더 배고픈 시장기를 느끼고
더 가난해짐은 무엇인가

무거워지고 채워지는 건
가방의 무게와
지근대는 생각들 뿐
오늘도 그냥 스쳐 지나가는
나그네의 하루일 뿐이다

날고 날아

금잔디 동산에 주저앉아
올려다본 출렁이는 낡은 화폭
만물상이 따로 없다

그중에 용마 한 마리 잡아타고
마음에 날개 달고 훨훨 갈기 세워 날고 날아
망망대해를 지나
무엇인가 있을 것 같은
미지의 그곳에 닿을 때까지
허한 가슴 가득 채워줄

반짝반짝 빛나는
황금빛 한 줄기 찾아서
날고 날아 또 날고 있다

내일을 향한 오늘

도떼기시장을 방불케 하는 전시장

졸작「인사동을 밝히는 별」앞에
등꽃 관을 쓰고
맨드라미 국화로 장식한 꽃다발을 안고
만인의 눈길 안에 섰다

이마엔 땀방울이 눈가엔 이슬방울
입가엔 미소 홍조 띤 얼굴
방아를 찧는 가슴
롤러코스터를 타고 있다

내일을 향한 디딤돌을 만들었으니
기쁨이자 희망을 건너 뛴다
다시 한번 일깨움을
다짐하는 도전이 뒤를 따른다

창 너머에는 축복이듯
뿌린 비에 만물이 촉촉이 젖는다

당신은 바라만 보아도

티격태격
울끈불끈 가슴을 치며
아리수 난간에 주저앉았다

가슴 벅차 울컥거려 울고 웃고
잔잔한 당신 앞에 앉아
가슴으로 하는 하소연
눈물 방울 방울 떨어뜨려 번지는
파문을 바라보면

모든 하소연 품어주는 당신
녹록한 당신의 품 안으로 나라의 역사를
만백성의 사연을 품어 안고도
티끌만한 하소연까지도
인자한 성품으로 어루만져 품어준다

아리수 당신은
바라만 보아도
엄마 품에 안긴 듯
가슴이 편편하다

노부부의 정원

융단을 펼쳐놓은 듯
다투어 갓 피어오른 연둣빛이 정원에 깔려 있다

연산홍 가지마다
젊은 혈기 방출이라도 하듯
꽃망울 터뜨리는 솔샘님 부부의 정원

창안에 가지런히 앉아
붓글씨를 쓰는 솔샘님
창밖의 유혹에 못 이겨 나선 정원

연산홍이 나비야 벌이야
도란도란 이야기 나누더니
풀 뽑기 손 멈추고
가을을 넘어선
노부부가 허리를 편다

해님도 구름 속으로 들었는지
그늘을 만들고
겨우 눈뜬 뽕잎도 부채 살 펼쳐든다

솔샘님 부부가 환한 미소로 바라보는
봄을 기름삼아
겨울을 불사르는 꽃
연산홍

※ 솔샘 : 서예가 김영란님의 아호

눈물 · 1

회심곡을 듣는데
눈물이 흐른다
어제 뵙고 온
엄마 생각에…
엄마 생각에?
두 문장 부호가 찍힌다
내일 온다는 딸의 전화에
눈물과 함께
미소도 흐른다
회심곡이 끝나고야
엄마를 떠나보낸
남편을 바라본다

눈물 · 2

손녀 소정
너를 받아 안을 땐
빈 젖을 물려야 하는 눈물이었고
자라면서 회초리를 들지 못한 벌로
가슴을 쳐 눈물 흘리고
오늘 너로 하여금
고마움에 웃을 수 있어
눈가에 촉촉이 눈물을 머금는다

물총새가 되어

차창 너머로만
막연히 동경하던 그 풍광 수상스키

북한강변 벚꽃이
뭉게구름 되어 꽃비 뿌리는 날
몇 명 붓글씨 벗들은
수상스키를 이끄는 보트에 올랐고
국사님은 수상스키에 올랐다
보트에 오른 나는 긴장과 두려움에 혼비백산인데
국사님은 웃고 있다

고희를 넘긴 국사님은 붓글씨 20년 지기
붓글씨 쓰는 솜씨만큼 수상스키 타는 모습도
30대를 방불케 탄탄하다

수상스키를 타는 국사님도
보트에 탄 우리도 북한강을 가르며
청평호를 향하여
물총새가 되어 하늘을 날고 있다

※ 국사 : 서예가 이경화님의 아호.

바람 따라가다

단풍이 길을 열어
바람 따라 가다 멈춰 선 곳
행담도 천년의 문안

비문 서해영광을 읽어 내려간 끝자락
글씨 권오실 가슴을 찡하게 한다
궁체 붓글씨의 할머니격의 존재
곧고 바르고 칼칼하며 힘이 있는 글씨
바라만 보아도 가슴 안에서 환성의 북을 친다

지금은
붓을 놓으시고 아이가 되신 선생님
천년의 문안에 천년을 같이할
글씨 안에 웃는 얼굴로 계신다

나목 옆엔 소나무 두 그루 문을 지키고
바람은 내게 영생을 가르친다

버팀목

김경남님과 추영주님은
미소 짓게도 하고
울컥하게도 하는 고마우신 분
'이 나이에 뭔 시를 짓나'
'이 나이니 몸도 아프지'
따뜻한 말씀이 미소를 머금게 한다
시도 건강도
힘내라고 손짓하는 두 분 만큼만 하자
언제부터인가
내 버팀목이 되신 두 분

벗을 생각하며

홀연히 네가 떠난 후에도
네가 있는 것처럼

기쁜 일
슬픈 일
상관없이 희희낙락이다

살아가야 한다는 이유로
가면을 써야하고
울부짖고 싶은데
웃어야 하는
구겨진 삶의 표정들

잔잔히 흐르는 눈물이 얼룩에 젖는
먼저 간
너를 떠올린다

백발

새순은
아장바장 발자국 띠어보는 돌쟁이
꽃은
철없이 나대는 젊음
단풍으로 삶의 힐링
낙엽은 바스락 대는 눈물
백설은
삶의 전설을 되새김하는
백발과 같은 것

살아온 대로

태풍이 구름이란 구름 죄다 쓸고 가버렸는지
구름 한 점 없는 하늘은
창창히 얄밉게 웃고 있다

쓰러진 풀꽃 위엔
나비가 날며 춤을 추고
가지 부러진 나무엔
쓰르라미 가지 오선보 삼아 장단 고저 화음으로
흐트러짐 없이 노래한다

쓰러진 고추밭 고춧대엔 날개 접은 잠자리인 듯
빨간 고추 하나 매달려있다

물가는 물가대로
농가는 농가대로
상가는 상가대로
한숨 눈물 가슴 치며 울부짖지만
살아온 대로 다시 우뚝 서리라

사랑

사랑은 바다다
파도를 만들어
그리움으로 격랑(激浪)을 일으키니까

사랑은 바다다
썰물로 밀려나가
삭막한 뻘밭을 만들기도 하지만
조개 게 해초류를 사랑으로 품어 길러
삶의 터를 만들어주니까

바다는 사랑이다

손녀

소정은
아이들을 거두는
시립 어린이집 교사다
가끔은 무릎도 허리도 팔도 아프다고
입은 미소를 짓지만
눈엔 눈물이 고이는 손녀
할미도 따라 웃고 눈물 짓는다
그래도 보람 있다는
손녀 등을 토닥인다

신문이나 보고 TV나 보고
산책이나 하는 할배
붓글씨나 쓰고 시나 쓰는 할미
용돈도 두둑이 주고 건강도 챙기는
소정은
집을 떠난 자식들을 대신하는 가장이다

연잎 차향에도 말씀이

연잎차 앞에 하니
몸가짐도 마음가짐도
단정해지고 숙연해진다

고즈넉한 선원과 스님을 생각하며
차 한 모금 입에 하니
향 따라
마음도 평온해진다

내가 이 세상에 나온 탓이지
다 내 탓이지
이것이 열반이라는
대행스님 말씀
차향에 서리고

서린 차향과 말씀이
온몸에 번져
촉촉함으로 젖는다

엄마

당신은 이 세상 삶을 놓으셨습니다

가는 비를 함께 하시니
무슨 걱정거리라도 남으셨습니까
포근한 눈을 함께 하시니
무슨 감싸 안아야 하는 일이라도 달리 있으십니까

엄마라는 호칭 놓으시고
생전에 늘 기도하시던 그곳으로
뒤돌아보지 마시고 가볍게 가십시오

육신이 한 줌 재로 돌아가시던 그날은
구름 한 점 없이 맑고 청명한 날입니다

당신께서도 남편 곁 합장으로
그토록 기도하고 원하던 그곳 청명으로
걸칠 것 없이 훨훨 날아가셨나 봅니다

우리 모두 가슴 아픔 버리고 웃으며 살렵니다
당신도 웃으며 날으실 테니까요

제일 먼저 생각나는 한 분

보내주신 고추, 양파 장아찌
상 위에 오르기도 전에
젓가락 갈 사이도 없이
손가락으로 한 입 아작 씹으니
송전님의 활짝 웃는 얼굴이 보인다

이 가을
화선지에 난도 국화꽃도 한가득 심어놓으시고

옥상 텃밭에 올라
빨간 고추 바구니 가득 수확하여
옥상 쉼터 창에 걸린 문발에
빨간 고추 한 개 한 개 꽂아 커튼을 만드시고
햇빛도 바람도 맞이하라 하시네
초록고추 한 바구니 장아찌로 담으시고
땀 씻으며 웃으실
그 모습이 옆에 있는 듯 그리움이다

엄마도 언니도 없는 내겐

제일 먼저 떠올리는
고마우신 한분 송전님
고추장아찌 먹는데 간기 아닌 절인 정으로
눈가에 이슬방울이 맺힌다

※ 송전 : 서예가 김영자님의 아호.

하루치의 행복

청기와 집
툇마루에 걸쳐 앉으니

처마 끝에
매어달린 동어 한 마리
배꼼대는 입질에
온몸의 땀구멍이
빼꼼대며
풍선 터뜨리듯
땀방울을 터뜨린다

한쪽으로 비껴선
보리수와 블루베리가
동어의 입질에 먹힐세라
먹물을 토하기 직전이다

동어 대신
내 입이 먹물 유혹을 뿌리치지 못하고
한 입 깨물어
더위와 합제(合劑) 삼켜 버린다

제3부

?를 쓴다

자극제

추석 차례야 성묘야
즐거워야 할 명절이
세월이 흐를수록 몸과 마음 지쳐 추예한데

서실에 들어서니
약과, 산자, 송아, 참깨, 들깨, 콩다식
한상차림 꽃비님의 작품
지친 몸 대접받는 기분에
가슴이 콩닥콩닥 방아를 찧는다
찧고 찧어 추예한 기분 가셔
조잘조잘 추석 뒷이야기 나눈다

꽃비님 숙제라고 내놓은
정철의 송강가사
붓글씨 작품 한 보따리 앞에 하니
"와" 소리 절로 나온다
붓도 못 잡아본 내겐
부러움이자 자극제가 됐다

※ 꽃비 : 서예가 조미래님의 아호

휘호(揮毫) 한마당

긴장과 떨림이 범람하는
심장 안은 강물 통통배가 뒤흔들고 다니고
붓 잡은 손은
수전증을 앓듯 떨고 있다
화선지를 메우며
먹 아닌 피로 쓴 휘호 한마당
낙관을 끝으로 마무리하곤
진땀으로 샤워를 한다

긴긴 세월동안
눈물 먹물 삼아
붓글씨란 한 우물을 팠고
봄은 잠재웠다

고마운 외조를 마다 않고 지켜준
한 사람
남편
볼에 뽀뽀라도 할까

정중한 자세로
큰절을 올려 예를 갖추었다
"고맙습니다"
"영광입니다"
오늘부터 봄은 깨어났다

?를 쓴다

수평선을 바라보며
밀려가고 밀려오는 물결 따라
많은 생각을 한다
1982년부터 시작한 붓글씨쓰기
35년이란 세월 흘린 땀 내음을 씻고
쉬기로 해야 할지
끝내기로 해야 할지

허공을 바라다본다
글자가 보이는 것이 아니라
글씨를 쓰는 벗들이
줄지어 내게로 오고 있다
그저 표정 없이 물끄러미

아픈 팔을 자꾸자꾸 때린다
강물은 물결 따라 흐를 뿐이다
?표를 쓰고 또 쓰고 쓴다

누상재

붓글씨 벗 일초가 거주하는
화가 이중섭이 거주한 집이기도 한
누상재

이층 계단을 오르면 전시된 일초의
서예작품들과 사군자와 연꽃그림이
전시장에 든 것 같은 착각을 일으키게 한다

까꿍하고 나타나 가슴을 뛰게 한 그림 한 점
이중섭의 아이들이 그려진 엽서크기의 판화 한 점
이중섭에 관한 자료들
과거와 현재가 잘 어울려 현존하는 누상재
천년만년 보존되길 바란다

창밖 뜰엔
황금빛 감들이 선채로 풍경화로 걸려 있고
연잎차 한 잔의 여유로 넘치는
하루의 풍성함이 즐겁다

※ 일초 : 서예가 송옥희님의 아호

감악산 출렁다리

질서 있게 놓여진 초콜릿 빛 층계를
하나 둘 밟아 오른다
알맞게 차오른 숨을 고르며
휴 하고 땀 닦아 쉬는 동안 잊은 계단 수
하나 둘 다시 세어 오르기를 반복하며

출렁출렁 흔들리는 다리 위에 오른다
겁에 질린 사람들은
엉금엉금 거북이걸음 못 면하고
즐기는 사람들은
깡충깡충 토끼인양 재잘재잘
다리 아래론 차도 사람도 물도
유유히 흐르는 물결이 된다

계단 끝에 다다르자
법륜사 부처님이 수고했다고 반기신다
합장하며 숙인 고개에
묵주처럼 부처님의 자비가 걸려진다

반구정에 오르다

오랜만에 방촌 할아버님 영당에 예를 올리고
동상 앞에 서니
조부님 형상이 겹쳐진다

세자로 책봉된 충녕대군 반대코
서인이 되어 교화로 남원으로 유배신세
아이러니컬하게도
세종 4년에 풀려나 영의정에 오르시고
사후에 익성이란 시호를 받고
세종의 묘정에 배양된 할아버님

반구정에 오르니
임진강의 잔잔한 물길 차며 갈매기 유유히 날고
방촌 할아버님의 마음 씀씀이가
강물 따라 잔잔히 흐르는 듯하다

돌아오는 길
북한산 바위 봉우리마다 금박된 채
횃불에 피워 올린 듯 핏빛으로 타고 있다

반딧불 따라 오른 동산

끝없이 유혹하는 반짝 반짝 반딧불이
호기심 따라 밤이란 두려움 발길질하며
손자와 손녀 손을 이끌고 오른 동산은
뜻밖에도 송강 동산
등불 반딧불 삼아
비스듬히 누운 대리석 마다마다엔
훈민가 한 곡 한 곡이 새겨져 있다

반딧불 밑에서
손자손녀에게 한 곡 한 곡 읽히니
멀리 서당에서도 화음(和音) 했을 그 가락 조
옮기는 걸음걸음에 리듬이 동행이다
옛글자 고문을 같이 새겼으면 좋았을 것을
아쉬움 뒤로 한다

한 곡마다 윤리도덕을 일깨우는
사람의 도리를 가르침이 돋보이는 글
서예가들이
즐겨 옮기기를 좋아한 주옥같은 글귀

송강은 당시 이곳 부모 묘역에서
10년을 살았던 효를 실천했다니
산교육이 아니던가

돌아오는 길
손자 손녀를 잡은 손과
발걸음이 리듬을 타고 스텝이 된다

발자국

밤새 내린 눈 쌓인 길
가지마다 솜사탕이 되어
터널을 이룬 길
뽀드득 뽀드득 설움을 발길질하며 걷는다
등 떠미는 바람에 돌려 세운
저쪽으로 발자국들이 설원 위에 나있다

내 삶의 발자취도 저러하지 않을까
뚜렷이 남은 추억들의 기억들만
남은 발자취처럼
그렇게 몇 개만 남아 있다

바람 따라 날리는 솜사탕에
가슴에도 마음에도 달콤한 감미로움이 돈다

밤바람 맞으며

그릇 부딪는 소리
청소기 돌아가는 소리
잉잉 세탁기 울어대는 소리
김영란법이 통과될 것이라는 TV 소식
소식들 다 버리고

별과 위성이 반짝이는 세상으로
두 팔 벌려 밤바람 맞으며
숨 쉬고 싶어 문을 나섰다
달도 별도 위성도 숨어버린 적막

가로등 불빛을 따라 그림자로 찍는 발자국
솔향과 꽃향 풀향들이 코를 간질여
머리를 정화시킨다
풀벌레 소리가 귀를 후비고
가냘픈 바이올린 소리로 풀잎을 탄다
가슴에 편안함이 안긴다

두 팔 벌려 기지개를 펴본다
근육통이 풀리듯 발걸음이 가볍다

바람도 울고 있다

청령포
단종이 쌓았다는 망향탑을 뒤로한
뱃길이 정박의 밧줄을 끊어내지 못한다
왕방연의 시조비*가
그날의 울음으로 망부석이 되었다

장능에 오르는
가파른 길
오르막길이
옛으로 이어진 듯
숨이 차다

능에 오르니 모를 아픔 하나
가슴의 쳇기가
피를 역류 시킨다

돌에 새겨진 왕방연의 시를
음미하며 돌아오는 길
마음은 항시 뒷걸음질로
예 놋다

돌아오는 길 참새들이
각기 다른 음색으로 재잘 재잘대고
멀리 몇 송이 남지 않은
흰 구절초꽃이 고즈넉이 바라기 한다

※ 왕방연 시조 비
   천만리 머나먼 길에 고운님 여의옵고
   내 마음 둘 데 없어 냇가에 앉았으니
   저 물도 내 안 같아서 울어 밤길 가는구나

붓글씨 잔치

산고 끝에 잉태시킨 자식들
사랑으로 키우고도 언짢음이 안 가신
미완인 듯 아쉬움이듯 지워지지 않는
결핍증
걸려진 작품들을 살펴보며
내려놓지 못한 공허다

잔치마당 펼쳐놓고
손님마중 희희낙락 하지만
졸작 앞에 머무는 발길 있으면
두근거리는 가슴으로
발은 자꾸 자꾸 뒷걸음질 쳐진다

잘 쓴단 말도
글씨나이 몇인데
꾸짖는 소리로 들려 와
얼굴엔 홍조로 방울진
땀방울만 몽글 몽글 맺는다

다음 잔치 땐
나아질 것이란 최면을 걸며
붉은 나비들이 춤을 추는 호접난 분 앞에 하고
잔치의 후유증을 달랜다

별

가장 멀리서 반짝이지만
가장 가까운 친구
늘 창밖에서 손짓해 부른다

유혹에 못 이겨
창을 열고
나에게 있던 하루의 일들을
가슴으로 이야기 한다

기쁜 일은
솜사탕을 먹는 달콤한 미소로 속삭이고
슬픈 일은
송곳에 찔린 아픔으로 하소연하기도 하며
눈물짓기도 한다

늘 같이 웃어주고 울어주는
별은
나의 가슴에 들어 이야기할 수 있는
단 하나의 귀한 친구다

설날

겨울날답지 않게
청명하고 포근한 아침

성묘 가는 길은
꽉 찬 자동차의 주차장
답답함 달래려
철조망 건너 바라보는 저편으로
짜증을 날려 보낸다

강물도 얼어붙어
걸어서도 갈 수 있는 그 곳
언제나처럼
기러기 일지, 후조 떼일지
허공을 가고 오는 이름 모를 새떼들만
이쪽저쪽
설날 이야기 부리로 물어다 조잘조잘 전하겠지

새해 0:00시의 울림

보내야 하는 아쉬움과
맞이해야 할 새로움의 교차
보신각종이 울리기 직전
설레임으로 뛰는 가슴
잡는다고 잡을 수도
떠민다고 떠밀리지도 않는
그저 그렇게
기억 안에 살아있는
잡으려는 모든 것들을
향해 흐를 것이다
타종이 시작돼 울려 퍼지면서
고맙다고 주저리주저리 외우며
편편한 한해를
애원으로 구걸 한다
한해의 첫날을 황금관으로 품는다

산, 산, 산

차창 밖으로 흐르는
사람들도 나무들도 젊음으로 이글댄다

땀 흘리고
물 한 모금이 꿀맛이기도 하며
미끄러져 옷도 찢기고
팔 다리에 피를 보기도 하며

취나물 한 줌 채취하여 향에 취하기도 하고
버섯 몇 송이 채취할 수도 있는
밤 몇 알에 떫은맛도 보고
도토리 몇 알로 공기놀이 하던 산

바라다보는 산은 그림이자 그리움일 뿐
헛웃음만 난무하고 가슴앓이만 한다
그날들이 산, 산, 산 메아리로 돌아온다

아직도 정지되지 않은 함성

4·19탑 공원
왁자지껄한 세상을 떨치고
고요하고 한적함으로
거슬러 내려 그 풋풋했던 세월에 젖어
글씨 벗들과 연못가에 앉았다

여중생 때 일어난 혁명 운동
거리는 함성과 총성
겁에 질려 웅성거린 교정
집이 울린 총성
우린 각자의 생각에 빠져 침묵한다

눈앞에 운구하는
검은 제복을 한 상제들을 보면서
아직도 그날의 환성이
끝나지 않고 진행 중임을 실감케 한다
비워져 있는 잔디동산에
살포시 봄비가 내리고
슬픔처럼 자란 풀들이 함성을 매달고 있다

아라뱃길 언저리

지평선에 앉은 나를 향해
사파이어 빛 평화군단을 이루어
소곤소곤 다가오는 파도 맞으며
가슴속의 바위덩이 녹아들어
콧노래가 흥얼흥얼

유람선을 따라 밀려든
화가 난 파장들의 반란이
암벽을 치고 게거품을 토해내며
내게로 밀려들어
주먹이 되어 치는 강편치

맞고 뒤로 물러선 나를 보고야
노기를 풀고 잔잔해져
천연해지는 파도와 웃는 나
또 하나의 나
보랏빛 들국화로 피어나본다

소금산 출렁다리

장마에 짓눌린 어느 날
마음의 창을 똑똑 두드리는
동생 황정환의 목소리

목소리 따라
많은 나들이를 함께한 동생 내외와
설레임으로 동행한
원주 소금산 출렁다리를 찾아 가는 길

독으로 빨아들였는지 나무들이
햇빛을 받아 시퍼렇게 독물이 들었다
같은 기분 같은 생각으로 모여든 인파
복중 흐르는 땀과 차오르는 숨결이
1,000계단도 넘게 오르는 듯 숨차한다

올케가 복날이라고
전복 삼을 넣은 삼계탕을 먹이더니
오늘을 대비해서였나보다
농담 던지며 출렁다리에 들어서니
오싹함이 땀도 도망쳐버린다

아래로 흐르는 소금강의 흙탕물이
아쉬움으로 남았으나
재회의 약속이 지워버렸다

이방인

비비적대며 오른 지하계단 전철 안
늘 같은 풍경으로 빛들이 반짝인다

가끔은
킥킥대고
언성을 높여 화를 내고
가끔은 드물게 훌쩍이고
손가락이 춤을 추는 대로
얼굴 표정들이 가관이다
아마도 앉은 자리를 지키려는
도피 행각 도구이기도 하고

어쩌다
자리에 앉아 시집을 펴든다
다른 세기를 살고 있는
이방인이 된다

주머니에선
조용히 감기는 리듬이 귀엣말이 된다
대화하자고
이 시대를 외면할 순 없다고

안개가 삼켜버린 북한산

그렇게나
가슴을 후려내던 당당함은 어디로 갔는지
아무리 찾아내려 애를 써도 오리무중이다

숨바꼭질이라도 하려는 것일까
산신할머니가 숨겼을까
산신령님이 지워버렸을까
그 위치조차 감을 잡을 수가 없다

안개가 눈물이 되어 한 없이
펑펑 쏟아내고서야
짠하고 이마를 드러낸 북한산
쨍하고 튀어나온 햇살이
머리를 맑게하고
찌뿌둥한 팔 다리 어깨를 지압하듯
시원하게 두드린다

눈물이 만들어 낸 폭포수 위로
무지개다리를 놓아
춤을 추며 걷게 한다

제 6회 의당 붓 한글전에 서서

우리는 같은 길을 동행해 온
붓으로 한글 꽃을 피워 올리는
45그루의 꽃나무랍니다

화선지에 한 글자 한 글자
꽃을 피워 올리기 위해
긴장된 가슴과
떨리는 손놀림으로
땀과 눈물의 호소 아롱져
피워낸 꽃

만족할 수 없는
꽃그늘 밑에서
바라보는 눈길은
늘 그랬듯이 그저 아쉬움만으로
더 탐스럽고 예쁜 꽃을 피워서
농익은 열매까지 맺게 하는
내일을 약속해봅니다

잔칫날

긴장을 멈춰 세우고
보고 싶은 얼굴들
바쁘다는 이유와
주머니사정을 이유로
그리워만 하던 그들을

핑계 다 치우고
깔아놓은 멍석 위에
일상을 버리고
왁자지껄 떠들며 벅석인다

좋은날
좋은 장소 좋은 음식
구절판 신선로 탕평채 등의 궁중음식
멍석을 깔아준
잔치주에게 고마워하며

자동차를 가져왔다는 이유로
좋아하는 복분자주 한두 잔 주고받고
화기애애 좋은 잔치 분위기
헤어짐이 아쉬운 날

자운서원 뜰 저쪽

경복궁 후원 팔각정 연못 앞에 펼쳐진
휘호 한마당

계절을 맛으로 즐길 여유도 없이
콩닥 콩닥
숱한 예능인의 가슴 뛰는 소리

신사임당 탄생기념인 5월 17일
시, 수필, 동시, 동화
한글, 한문, 서예, 묵화
자수 ,생활예절, 다례,
제마다의 기량 뽐낸
예능대회

오늘의 사임당이신
자수부문 한국의 명장 이은임의 뒤를 따라
한복 정장으로 입고 행진하던
그때의 설렘

검은머리 풋풋했던 그 시절은
저쪽의 세월
주름지고 백발이 된 지금
자운서원 뜰에서
사임당 묘소를 바라기로
참배한다

팔각정에 오르다

전날의 추억을 싣고
굽이굽이 삼삼이 돌고 돌아
손녀의 핸들 동행으로 오른 팔각정

오랫동안 살았던 옛 동네가
그림처럼 한눈에 들어온다
아들 딸 모두 키워 결혼시키고
손자 손녀도 곱게 키웠던
시도 짓고 붓글씨도 썼던
희로애락의 본거지이자 반평생 삶의 터전
그 동네 그 집
눈가를 촉촉이 젖게 한다

멍한 내 마음을 알아차림인가
손을 잡아주는 손녀를 젖은 웃음으로 바라보며
꿈에서 깨듯
발길을 돌린다

채석강

차곡차곡 쌓아올린 책들의 화석
하늘에 닿을 만큼 높고
못다 올린 책들이 발아래 산적해 깔려 있다
여기저기에서
환성과 함께
찰칵이는 카메라의 셔터 소리가 요란하다
몇 번을 오고가도
환성은 끝일 줄 모른다

석양을 바라보며 황홀경에 빠질 즈음
못다 올린 책들이 잠식하기 시작
아쉬움에
눈도 가슴도 같이 잠식하고 만다

아마도 이태백이 이곳에 물놀이를 와도
달을 잡으려 뛰어들었을 것이다
아쉬움이 발걸음을 잡는다

하얀 벽

정상을 향해 기어오른다

장갑도
로프도 없이
각기 다른 목표만 있을 뿐이다

땀을 흘리기도 하고
눈물을
피를 흘리기도 한다
흘린 땀과 피의 무게만으로
비례할 수 없는 벽

담쟁이덩굴이
연둣빛 가냘픈 손을 내밀어
하얀 벽을 기어오른다

정상의 정복도
탈출 위한 월장도 아닌
오직 하얀 벽이 있어
푸르름으로 가득 채우면 그뿐

호명산 호수

숨 막히게 헉헉대는 일상을 뒤로하고
청평호 언저리 길을 따라
굽이굽이 우거진 숲속을 숨이 가쁘게
설레임으로 오른 끝자락

팔각정에서 내려다 본
하늘과 맞닿은 듯한 인공 호수
가슴도 고요하고 잔잔한 출렁임이 된다

연전에 다녀온 백두산 천지가
겹쳐지는 영상과 생각들로
벅차오르는 감정
눈물로 울컥거려 내뿜는 한숨
가고 싶을 때 언제나 갈 수 있는
그날이 올 테지

보랏빛 산국이 방긋거린 미소로 위로 한다

황정환의 회갑에 즈음하여

넉넉지 못한 가정에
육남매 중 넷째
학창시절 일하며 학교를 다녀
몸에 배인 부지런함과 성실함

롯데라는 대기업에
입사해 정년까지
신뢰받는 일꾼으로 귀감이 되어
흔한 말로 왕년 치우고
오늘도 일하는 모습 젊음 부럽게 한다

바르고 화목한 가정을 꾸리고
부모에게 효도하며
어렵다는 이웃을 보살핌에 너그럽고
가문엔 빛과 같은 사람

오늘 두 딸의 청함 있어
번성한 혈육모여
희희낙락하니
더 빛난 축복의 날이어라

제4부

시집평설

■ 시집평설

시의 정신 본질, 표현 본질로 재구성 돋보여

박진환
(시인·문학평론가)

1. 전제

 황인숙 시인은 시도와 서도를 함께 하고 있는 시인이자 서예가다. 시는 『조선문학』 신인상에 시가 당선되어 시인의 길을 걷고 있는 중견 시인이고, 서예는 한국서예미술진흥회 세종한글서예큰뜻모임·한글사랑서예 초대작가란 전력이 말해주듯 중견 서예가로 활동하고 있는 현역이다.
 서예는 그간 여러 번의 기획전·초대전을 비롯한 전시회를 통해 중견 서예가로서의 탄탄한 면모를 보여준 바 있고 시는 첫 시집 『자귀꽃 위에 나비가 되어』와 『연잎 차향에도 말씀이』에 이어 세 번째 시집이 된다.

세 번째 시집인 『가을 뜨락』은 3부에 나누어 총 80여 편의 시를 수록하고 있는데 그간의 시집에서는 찾아볼 수 없었던 새로운 경지를 보여주고 있어 견고한 시도의 행보를 보여주고 있다.

  세 시역으로 나누어 보여주고 있는 시의 본질이랄까, 특질이랄까, 특성이랄까는 세 부분으로 나누어 제시될 수 있을 것으로 본다. 하나는 1부 「사계순리」에서 볼 수 있는 자연교감이랄까, 자연과의 합일지향을 통한 동일성의 추구랄까를 들 수 있을 것으로 본다. 두 번째로는 일상의 주변에서 체험한 삶의 편린들을 재단해다 재구성한 생의 진술이랄까를 제시할 수 있을 것 같다. 끝으로 세 번째로는 중단됨이 없는 서도의 길을 걸으면서 정진해 온 화자 스스로의 내면 풍경을 형상화한 것으로 제시해 볼 수 있을 것으로 본다.

  시역의 제시는 이러하거니와 시법이랄까, 형상미학이랄까도 짚고 넘어가야 할 것 같아 제시해 보기로 한다. 황인숙 시인의 시의 드러냄은 절제미와 간결미로 대표될 듯싶다. 소이는 시에 군더더기가 없고 관념의 찌꺼기가 배제돼 있으며 이를 간결한 터치로 진술하고 있기 때문이다. 여기에 하나를 더 보탠다면 시적 대상을 깔끔하게 떠다 재구성해내는 재단미다.

제시한 면면들을 요약하면 시의 본질적인 면은 첫째 자연동일성 추구, 둘째 삶의 체험적 편린의 재구성, 셋째 내면 풍경의 형상화 등으로 요약할 수 있을 것으로 본다.

 그리고 표현 본질로는 첫째 절제 간결미, 둘째 시적 대상의 재단미로 제시할 수 있다고 본다.

 이러한 전제는 시집 『가을 뜨락』에 접근하기 위한 통로 열기의 일환으로 제시해 본 것이지만 시의 의미론적 풀이나 문의적 해석으로 끝나버리기 쉬운 우를 범하지 않기 위해서는 본질적 접근과 접근된 본질을 어떻게 형상으로 재구성 했는가 극명히 함으로써 시의 진실에 다가가기 위함임을 먼저 밝혀두고자 한다.

2. 시에 대한 본질적 접근

 80여 편의 시를 3부에 나누어 게재하고 있는 제1부 「사계순례」는 많은 시인들이 그러하듯 계절과 계절 사물을 통해 착상된 계절에 발상된 것들을 형상화하고 있다고 보여진다. 그 때문에 자연교감이나, 자연에의 경도, 또는 자연 감정과 무관하지 않게 된다. 시 또한 자연의 해석이나 번역쯤이 되는 접근방식에서 시를 출발시키고 있음을 볼 수 있다. 그 때문에 자연 친화력이 개입되고 자연 동일성을 수반하기 마련이게 된다.

2-1 자연동화를 통한 동일성 추구

자연 친화력은 자연 감정이나 자연 경도의 다른 표현으로서 시인이면 예외 없이 자연 수용에 있어서의 동류항쯤이 된다. 그러나 자연 동일성은 다른 차원에서의 출발을 요구하게 된다. 그것은 자연과의 동화를 통한 일체감 획득일 수도 있고, 달리는 현실에서의 안정대 구축에 실패함으로써 자연에의 귀의를 통한 안정대를 구축하고자 하는 다른 측면의 해석도 가능하기 때문이다.

황인숙 시인의 경우는 전자적 입장에서 시를 출발시킨 것으로 보아줄 수 있을 것으로 본다. 시를 제시했을 때 이해를 도울 것으로 보고 제시해 본다.

가) 한줌 쥐어진 진달래꽃
　　꽃전을 부칠까
　　꽃술을 담글까

　　급한 마음에
　　유리잔에 소주 한 잔 붓고

참꽃 한 송이 띄워
꽃전을 안주로 삼으니

얼굴에도
가슴에도
꽃물이 번져 꽃으로 피는
나는 한 묶음 가슴으로 피운
진달래꽃

나) 머리 위로
나비 되어 내려앉은
눈송이

이런 날엔
피가 도는 꽃나무가 되어
빨갛게 꽃으로 피고 싶다

피어
차가운 설화의 꽃잎
붉게 물들이고 싶다

예시 가)는「진달래꽃」, 나)는「설화·3」의 각각 전문이다.

예시 가)는 진달래꽃이라는 자연 사물을 빌어 화자와 동일성을 성립시키는 자연 동화를 보여주고 있다. 봄날 산에 올랐다가 한 묶음 꺾어온 진달래 꽃잎을 화전으로 부쳐 안주를 삼고 술잔에 꽃잎을 띄워 마신다. 그랬더니 '얼굴에도/가슴에도/꽃물이 번져 꽃으로 되는/나는 한 묶음 가슴으로 피운/진달래꽃'이 되는 자연동일성을 보여준다. 이는 자연경도나 자연교감을 통해 자연과 동화되는 자연동일성을 보여줌으로써 현실공간 수용에 실패, 자연으로 귀의하고자 하는 자연동일성 추구와는 본질을 달리하는 전자적 경우를 보여주고 있는 것이 된다.

예시 나)는 예시 가)가 시의 본질적 접근이었다면 나)는 표현 본질에의 접근방식이 요구될 수 있다. 눈 오는 날의 정경을 컷으로 재단해다 재구성한 재단의 솜씨도 솜씨려니와 머리 위로 내린 눈송이를 발상을 뒤집어 '이런 날엔/피가 도는 꽃나무가 되어/빨갛게 꽃으로 피고 싶다'고 순발력의 위트에 의탁한다. 그런가 하면 하얀 눈송이를 빨간 꽃으로 이동시킨 재빠른 이동의 순발력이 대립되는 두 색채 이미지를 대비시키는 양극화를 체험하게 해준다.

이는 황인숙 시인의 계절시편이 단순한 계절이나 계절사

물을 대상으로 형상화한 것이 아니라, 한편으로는 자연과의 동화라는 때 묻지 않는 순수한 시 정신을, 그리고 다른 한편으로는 계절사물을 빌어 양극화를 이끌어내는 순발력으로서의 위트를 동원함으로써 지적조작이라는 현대시의 시법에의 충실에 값하고 있음을 보여준 것으로 받아들일 수 있게 한다.

그런가 하면 예시들이 보여주듯이 간결한 절제미와 함께 대상을 재단해다 재구성할 줄 아는 형상화에서 시를 출발시키고 있음을 보여주고 있어 항용 자연감정을 극복해주고 있음을 보여준다고 할 수 있다.

2-2 삶의 편린들 재구성

두 번째 시역으로 제시될 수 있는 것이 제2부의 시편들이다. 제2부의 시편들은 일상에서 체험했거나 일상의 주변에서 발견된 삶의 편린들을 모아 재구성함으로써 삶에의 충실과 함께 시도로 이어가는 충실한 시적 행보와 견고한 에스프리를 보여주고 있다. 시를 제시해 본다.

가) 쉼 없이 뛰고 또 뛰어
　　숨 막히게 달려온 길

앞에 한
흔들의자 너무 반가워
잠시 앉아 눈을 감아본다

달콤한 향과 달콤한 맛의 휴식은 솜사탕
윙윙 대는 벌 소리에 눈을 뜨니
매화꽃이 한 점 흰 구름으로 피어
한잎 두잎 꿀벌이 떨어뜨려주는
솜사탕을 음미하고
머리 위에 화관도 쓰고

잠시 눈감아 맛보는 휴식으로
흔들의자에 앉아
흔들흔들 침잠에 들어 쉬어 본다

나) 연잎차 앞에 하니
    몸가짐도 마음가짐도
    단정해지고 숙연해진다

    선원과 스님을 생각하며
    차 한 모금 입에 하니

향 따라
마음도 평온해진다

내가 이 세상에 나온 탓이지
다 내 탓이지
이것이 열반이라는
대행스님 말씀
차향에 서리고

서린 차향과 말씀이
온몸에 번져
촉촉함으로 젖는다

 예시 가)는 「흔들의자」, 나)는 「연잎 차향에도 말씀이」의 각각 전문이다. 두 예시는 서도와 시도를 걷고 있는 겸업으로 바쁜 일상 속의 시인을 떠올리게 한다. 일상의 굴레에서 잠시 벗어나 흔들의자에 앉아 파한 삼아 흔들어 본 한때의 휴식을 '쉼 없이 뛰고 또 뛰어/숨 막히게 달려온 길'의 노독을 풀어보는 달콤한 휴식이 아닐 수 없다. 작은 틀의 가정에선 살림을 도맡아 하는 가정주부로서, 남편을 내조하는 아내로서의 역할 하나만으로도 하루는 벅찰 수밖에 없다. 거기다 한 편의 서예는 온갖 정신을 집중, 한 치의 흔들림도 없이 땀을 흘려야 소기한 작품을 얻어낼 수 있다. 서예뿐인가, 한 편의 시도 예외일 수는 없다. 느끼고 생각하고 쓰고 다듬고, 보다 나은 형상화를 위해 한 편의 시가 탄생한 이후에도 오직 정신은 시에 매달리기 마련이게 된다. 이쯤 되면 편안히 쉴 틈이 어디 있으며 있단들 영일일 수가 있겠는가.

시가 말해주듯 '숨 막히게 달려'올 수밖에 없고 달려왔으니 수고로운 노독에 피로할 수밖에 없지 않겠는가. 차제에 잠시 앉아 노독을 풀어보는 한가의 흔들의자의 한때는 시인의 모습을 그대로 떠올려주고 있다.

예시 나)도 일상의 한 단면을 컷으로 떠다 짜 맞춘 일종의 편린의 재구성이다. 연잎 차 한 잔을 앞에 하고 차향을 의미하며 평온을 가져 보는 차 한 잔의 휴직, 차향에 서리는 대행스님의 열반이란 말씀을 되새겨 보는, 차와 함께 온몸으로 번진 달콤함의 열반의식을 통해 시인의 삶과 시도와 서도를 구도적 삶으로 걷고 있는 시인의 행보를 지켜보는 것 같다. 일찍이 임어당이 피력했던 시는 시인 자신의 이야기란 말이 떠오른다.

두 예시에서도 발견되는 공통점은 군더더기나 사설이나 관념의 비계덩이가 제거돼 있어 단조로우면서도 소박함 속에 시인의 삶은 물론 시인의 깔끔하고 고고함을 보여주고 있다는 점에 간결미 속에 담긴 여러 삶의 다양한 담론을 읽게 해준다. 끝으로 세 번째 시역에 접근해 보기로 한다.

2-3 시인의 내면 풍경 형상화

3부에 수록된 시편들은 시인의 삶의 편린들과는 달리 시인의 내면 의식이랄까, 시인의 내면 풍경을 시로써 드러내 보여준 형상화의 산물들이라고 할 수 있다. 그것은 1, 2부가 시인의 담론을 시적으로 진술한 것들이었다면 3부의 시역에선 서예가로서의 모습들을 보여주고 있기 때문이다. 한 획의 흔들림도 없는 정신 집중만이 얻어낼 수 있는 한 편의 서예를 앞에 한 것 같은 경건하면서도 치열한 집중력을 읽게 해주는 시편들은 이를 잘 말해주고 있다. 시를 제시해 본다.

가) 긴장과 떨림이 범람하는
    심장 안은 강물 통통배가 뒤흔들고 다니고
    붓 잡은 손은
    수전증을 앓듯 떨고 있다
    화선지를 메우며

먹 아닌 피로 쓴 휘호 한마당
낙관을 끝으로 마무리하곤
진땀으로 샤워를 한다

긴긴 세월동안
눈물 먹물 삼아
붓글씨란 한 우물을 팠고
봄은 잠재웠다

나) 수평선을 바라보며
밀려가고 밀려오는 물결 따라
많은 생각을 한다
1982년부터 시작한 붓글씨쓰기
35년이란 세월 흘린 땀 내음을 씻고
쉬기로 해야 할지
끝내기로 해야 할지

허공을 바라다본다
글자가 보이는 것이 아니라
의당선생님, 선암선생님
글씨를 쓰는 벗들이

줄지어 내게로 오고 있다
그저 표정 없이 물끄러미

아픈 팔을 자꾸자꾸 때린다
강물은 물결 따라 흐를 뿐이다
?표를 쓰고 또 쓰고 쓴다

 예시 가)는 일부가 생략된 「휘호(揮毫) 한마당」, 나)는 「?를 쓴다」의 전문이다. 두 예시가 각기 대상이나 경우는 다르지만 서도를 통한 화자 자신의 담론을 풍경화한 내면 풍경을 형상으로 보여주고 있다.
 예시 가)는 휘호가 수반하는 '긴장', '떨림', '수전증', '화선지', '낙관' 등의 시어들이 말해주듯이 서예가의 땀과 눈물이 고스란히 배어나고 있다. 그러면서도 묵향이 묻어나듯, 묻어나 번져나듯이 담백함이 드러나고 있다. 시행에 의하면 '긴 긴 세월동안/눈물 먹물 삼아/붓글씨란 한 우물을 팠'던 서예가로서의 화자의 자화상을 본 것 같다.
 예시 나)도 같은 맥락으로 서예가로서의 서도를 걸어온 화자의 내면 풍경을 눈앞에 한 것 같다. 35년이란 세월, 흘린 땀 내음 씻고 '쉬기로 해야 할지/끝내기로 해야 할지' 설의하고 있는 화자의 고뇌를 읽게 해주기 때문이다.

'더 써야 할지', 그만 끝내야 할지'를 스스로에게 설의하면서 찍어본 ?표, ?표만 쓰고 또 쓰고 쓰는 화자의 고뇌에 찬, 내면 풍경만이 아닌 내면 의식까지를 읽게 해주는 3부의 시편들을 배경으로 스스로를 자화상으로 내세우고 있는 황인숙 시인을 앞에 한 것 같다.

3. 결어

이상으로 황인숙 시인의 세 번째 시집 『가을 뜨락』을 일별해본 셈이다. 이를 결론으로 집약하면 수록된 시의 세 시역을 통해 시의 본질인 자연 동일성, 삶의 편린, 내면 풍경을 읽을 수 있고, 표현 본질로는 간결한 절제미와 재빠른 재단의 순발력을 통한 지적조작까지를 읽게 해준다는 점을 이번 시집으로 거둔 시적 성과이자, 시의 신뢰 획득으로 제시할 수 있다.

가을 뜨락

2020년 2월 15일 인쇄
2020년 2월 25일 발행

지은이 / 황인숙
발행인 / 박진환
펴낸곳 / 조선문학사
등록번호 / 1-2733
주소 / 03730 서울 서대문구 통일로 389(홍제동)
대표전화 / 02-730-2255
팩스 / 02-723-9373
E-mail / chosunmh2@daum.net

ISBN 979-11-6354-011-3

정가 10,000원

* 인지는 저자와 합의 하에 생략
* 잘못된 책은 서점에서 교환해 드립니다.